MP3 다운로드 방법

컴퓨터에서
네이버 블로그 주소란에 **www.lancom.co.kr** 입력 또는
네이버 블로그 검색창에 **랭컴**을 입력하신 후 다운로드

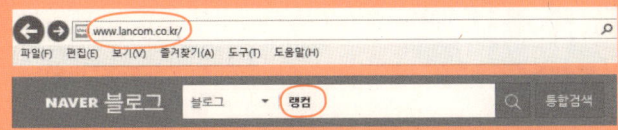

www.webhard.co.kr에서 직접 다운로드
아이디 : **lancombook**
패스워드 : **lancombook**

스마트폰에서 **콜롬북스 앱**을 통해서 본문 전체가 녹음된
MP3 파일을 **무료**로 **다운로드**할 수 있습니다.

구글플레이・앱스토어에서 **콜롬북스 앱** 다운로드 및 설치
회원 가입 없이 원하는 도서명을 검색 후 **MP3 다운로드**
회원 가입 시 더 다양한 **콜롬북스** 서비스 이용 가능

▶ mp3 다운로드
www.lancom.co.kr에 접속하여 mp3파일을 무료로 다운로드합니다.

▶ 우리말과 일본인의 1 : 1 녹음
책 없이도 공부할 수 있도록 일본인 남녀가 자연스런 속도로 번갈아가며 일본어 문장을 녹음하였습니다. 우리말 한 문장마다 일본인 남녀 성우가 각각 1번씩 읽어주기 때문에 한 문장을 두 번씩 듣는 효과가 있습니다.

▶ mp3 반복 청취
교재를 공부한 후에 녹음을 반복해서 청취하셔도 좋고, 일본인의 녹음을 먼저 듣고 잘 이해할 수 없는 부분은 교재로 확인해보는 방법으로 공부하셔도 좋습니다. 어떤 방법이든 자신에게 잘 맞는다고 생각되는 방법으로 꼼꼼하게 공부하십시오. 보다 자신 있게 일본어를 할 수 있게 될 것입니다.

▶ 정확한 발음 익히기
발음을 공부할 때는 반드시 함께 제공되는 mp3 파일을 이용하시기 바랍니다. 일본어를 배울 때 듣는 것이 중요하다는 것은 두말할 필요가 없습니다. 오랫동안 자주 반복해서 듣는 연습을 하다보면 어느 순간 갑자기 말문이 열리게 되는 것을 경험할 수 있을 것입니다. 의사소통을 잘 하기 위해서는 말을 잘하는 것도 중요하지만 상대가 말하는 것을 정확하게 듣는 것이 더 중요하다고 합니다. 활용도가 높은 기본적인 표현을 가능한 한 많이 암기할 것과, 동시에 일본인이 읽어주는 문장을 지속적으로 꾸준히 듣는 연습을 병행하시기를 권해드립니다. 듣는 연습을 할 때는 실제로 소리를 내어 따라서 말해보는 것이 더욱 효과적입니다.

쓰면서 말해봐
일본어회화
일상편

쓰면서 말해봐 일본어회화 일상편

2017년 11월 20일 초판 1쇄 인쇄
2017년 11월 25일 초판 1쇄 발행

지은이 박해리
발행인 손건
편집기획 김상배, 장수경
마케팅 이언영
디자인 이성세
제작 최승용
인쇄 선경프린테크

발행처 **LanCom** 랭컴
주소 서울시 영등포구 영신로38길 17
등록번호 제 312-2006-00060호
전화 02) 2636-0895
팩스 02) 2636-0896
홈페이지 www.lancom.co.kr

ⓒ 랭컴 2017
ISBN 979-11-88112-35-7 13730

이 책의 저작권은 저자에게 있습니다. 저자와 출판사의 허락없이
내용의 일부를 인용하거나 발췌하는 것을 금합니다.

쓰면서 말해봐 일본어회화

Write and Talk!

일상편

박해리 지음

LanCom
Language & Communication

 들어가며

일본어회화를 위한 4단계 공부법

읽기 듣기 말하기 쓰기 4단계 일본어 공부법은 가장 효과적이라고 알려진 비법 중의 비법입니다. 아무리 해도 늦지 않던 일본어 공부, 이제 **읽듣말쓰 4단계** 공부법으로 팔 걷어붙이고 달려들어 봅시다!

읽기

왕초보라도 문제없이 읽을 수 있도록 일본인 발음과 최대한 비슷하게 우리말로 발음을 달아 놓았습니다. 우리말 해석과 일본어 표현을 눈으로 확인하며 읽어보세요.

✓ **check point!**
- 같은 상황에서 쓸 수 있는 6개의 표현을 확인한다.
- 우리말 해석을 보면서 일본어 표현을 소리 내어 읽는다.

듣기

책 없이도 공부할 수 있도록 우리말 해석과 일본어 문장이 함께 녹음되어 있습니다. 출퇴근 길, 이동하는 도중, 기다리는 시간 등, 아까운 자투리 시간을 100% 활용해 보세요. 듣기만 해도 공부가 됩니다.

- 우리말 해석과 일본인 발음을 서로 연관시키면서 듣는다.
- 일본인 발음이 들릴 때까지 반복해서 듣는다.

쓰기

일본어 공부의 완성은 쓰기! 손으로 쓰면 우리의 두뇌가 훨씬 더 확실하게, 오래 기억한다고 합니다. 맞쪽에 있는 노트는 공부한 것을 확인하며 쓸 수 있도록 최적화되어 있습니다. 정성껏 쓰다 보면 생각보다 일본어 문장이 쉽게 외워진다는 사실에 깜짝 놀라실 거예요.

✓ check point!

- 적혀 있는 그대로 읽으면서 따라 쓴다.
- 일본인의 발음을 들으면서 쓴다.
- 표현을 최대한 머릿속에 떠올리면서 쓴다.

말하기

듣기만 해서는 절대로 입이 열리지 않습니다. 일본인 발음을 따라 말해보세요. 계속 듣고 말하다 보면 저절로 발음이 자연스러워집니다.

✓ check point!

- 일본인 발음을 들으면서 최대한 비슷하게 따라 읽는다.
- 우리말 해석을 듣고 mp3를 멈춘 다음, 일본어 문장을 떠올려 본다.
- 다시 녹음을 들으면서 맞는지 확인한다.

대화 연습

문장을 아는 것만으로는 충분하지 않습니다. 대화를 통해 문장의 쓰임새와 뉘앙스를 아는 것이 무엇보다 중요하기 때문에 6개의 표현마다 대화문을 하나씩 두었습니다.

✓ check point!

- 대화문을 읽고 내용을 확인한다.
- 대화문 녹음을 듣는다.
- 들릴 때까지 반복해서 듣는다.

이 책의 내용

PART 01 하루일과

01	일어날 때	12
02	아침준비	14
03	아침식사	16
04	집을 나설 때	18
05	집안일	20
06	귀가	22
07	저녁식사	24
08	저녁시간을 보낼 때	26
09	휴일	28
10	잠잘 때	30

PART 02 학교생활

01	출신학교	34
02	전공에 대해서	36
03	학년과 학교	38
04	등교	40
05	학교생활	42
06	수강 신청	44
07	수업 진행	46
08	수업 시간	48
09	시험과 성적	50
10	학교행사	52

PART 03 직장생활

01	출퇴근	56
02	직장에 대해서	58
03	업무를 볼 때	60
04	사무기기	62
05	팩스와 컴퓨터	64
06	인터넷과 이메일	66
07	회의와 프리젠테이션	68
08	회사생활	70
09	회사방문 약속	72
10	회사방문	74

Write and Talk!

PART 04 초대와 방문

01	전화를 걸 때	78
02	전화를 받을 때	80
03	찾는 사람이 부재중일 때	82
04	약속할 때	84
05	초대할 때	86
06	초대에 응답할 때	88
07	방문할 때	90
08	방문객을 맞이할 때	92
09	방문객을 대접할 때	94
10	방문을 마칠 때	96

PART 05 공공장소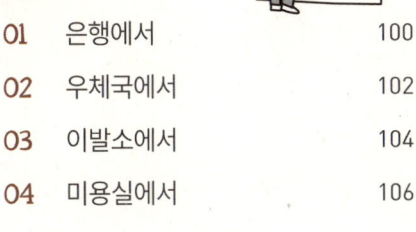

01	은행에서	100
02	우체국에서	102
03	이발소에서	104
04	미용실에서	106
05	세탁소에서	108
06	부동산에서	110
07	관공서에서	112
08	미술관·박물관에서	114
09	문화시설·동식물원에서	116
10	도서관에서	118

PART 06 병원

01	병원에서	122
02	증세를 물을 때	124
03	증상을 설명할 때	126
04	아픈 곳을 말할 때	128
05	검진을 받을 때	130
06	이비인후과에서	132
07	안과에서	134
08	치과에서	136
09	입퇴원 또는 병문안할 때	138
10	약국에서	140

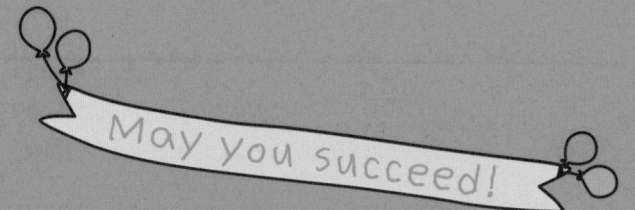

PART 01

書くことで会話が身につく

✿ 눈으로 읽고
✿ 귀로 듣고
✿ 손으로 쓰고
✿ 입으로 소리내어 말한다!

하루일과

Unit 01 일어날 때

>> 녹음을 듣고 소리내어 읽어볼까요?

빨리 일어나라.
早く起きなさい。
하야꾸 오끼나사이

여보, 이제 일어날 시간이에요!
あなた、もう起きる時間ですよ!
아나따, 모- 오끼루 지깐데스요

푹 잤어요.
ぐっすり寝ましたよ。
굿스리 네마시다요

알람을 꺼 주세요.
目覚まし時計を止めてください。
메자마시도께-오 도메떼 구다사이

아직 졸려요.
まだ眠いですよ。
마다 네무이데스요

날씨는 어때요?
お天気はどうですか。
오텡끼와 도-데스까

A: **よく眠れましたか。**
B: **いいえ、悪い夢をみました。**

잘 잤어요?
아뇨, 나쁜 꿈을 꿨어요.

>> 또박또박 쓰면서 말해볼까요?   >> 말하기 <<

早く起きなさい。

あなた、もう起きる時間ですよ!

ぐっすり寝ましたよ。

目覚まし時計を止めてください。

まだ眠いですよ。

お天気はどうですか。

Unit 02 아침준비

>> 녹음을 듣고 소리내어 읽어볼까요?   << 듣기 >>

잠옷을 개거라.
パジャマを片付(かたづ)けなさい。
파쟈마오 가따즈께나사이

커텐을 열고, 이불도 개자.
カーテンを開(あ)けて、布団(ふとん)もたたもう。
카-텡오 아케떼, 후똠모 다따요-

샤워 좀 하고 와요.
シャワーを浴(あ)びていらっしゃい。
샤와-오 아비떼 이랏샤이

신문 좀 가져와요.
新聞(しんぶん)を取(と)ってきてね。
심붕오 돗떼 기떼네

아침밥을 먹기 전에 세수를 하거라.
朝(あさ)ご飯(はん)の前(まえ)に顔(かお)を洗(あら)いなさい。
아사고한노 마에니 가오오 아라이나사이

이는 닦았니?
歯(は)は磨(みが)いたの。
하와 미가이따노

A: 遅(おそ)くなりました。朝食(ちょうしょく)は要(い)りませんよ。
B: でも少(すこ)しは食(た)べないとね。
늦었어요. 아침식사는 안 먹을래요.
그래도 조금은 먹어야지.

14 • 쓰면서 말해봐 일상편

≫ 또박또박 쓰면서 말해볼까요?　　　　　　　　　　　≫ 말하기 ≪

✏ パジャマを片付けなさい。

✏ カーテンを開けて、布団もたたもう。

✏ シャワーを浴びていらっしゃい。

✏ 新聞を取ってきてね。

✏ 朝ご飯の前に顔を洗いなさい。

✏ 歯は磨いたの。

 # 아침식사

>> 녹음을 듣고 소리내어 읽어볼까요?

아침 먹을 시간이에요.
朝食の時間ですよ。
쵸―쇼꾸노 지깐데스요

___

아침식사 준비가 다 됐어요.
朝ご飯の準備ができましたよ。
아사고한노 쥼비가 데끼마시따요

___

아침밥이 식겠어요.
朝ご飯が冷めますよ。
아사고항가 사메마스요

___

나중에 먹을게요.
後で食べます。
아또데 다베마스

___

아침밥은 뭐예요?
朝ご飯は何ですか。
아사고항와 난데스까

___

아침식사는 안 거르는 게 좋아요.
朝食は抜かないほうがいいですよ。
쵸-쇼꾸와 누까나이 호-가 이-데스요

___

Conversation

A: さあ、ご飯ですよ。
B: はい、いただきます。
　자, 밥 먹어요.
　네, 잘 먹겠습니다.

>> 또박또박 쓰면서 말해볼까요? >> 말하기 <<

✎ 朝食の時間ですよ。

✎ 朝ご飯の準備ができましたよ。

✎ 朝ご飯が冷めますよ。

✎ 後で食べます。

✎ 朝ご飯は何ですか。

✎ 朝食は抜かないほうがいいですよ。

Unit 04 집을 나설 때

» 녹음을 듣고 소리내어 읽어볼까요? «« 듣기 »»

오늘은 무얼 입을까?
今日は何を着ようかな。
쿄-와 나니오 기요-까나

빨리 갈아입어라.
早く着替えなさい。
하야꾸 기가에나사이

서두르지 않으면 지각해.
早くしないと遅刻するわよ。
하야꾸 시나이또 치코꾸스루와요

문은 잠갔어요?
ドアに鍵をかけましたか。
도아니 카기오 가께마시다까

뭐 잊은 건 없니?
何か忘れてはいないの？
나니까 와스레떼와 이나이노

다녀올게요.
行ってきます。
잇떼 기마스

Conversation

A: お弁当は持った？
B: 遅刻だ。

도시락은 챙겼니?
늦었어.

18 • 쓰면서 말해봐 일상편

- 今日は何を着ようかな。
- 早く着替えなさい。
- 早くしないと遅刻するわよ。
- ドアに鍵をかけましたか。
- 何か忘れてはいないの?
- 行ってきます。

 # 집안일

>> 녹음을 듣고 소리내어 읽어볼까요?

방 좀 치워라.
部屋を片付けなさい。
헤야오 가따즈께나사이

좀 거들어 줘요.
お手伝いをしてね。
오테쓰다이오 시떼네

청소 좀 거들어 줘요.
掃除を手伝ってね。
소-지오 테쓰닷떼네

세탁물을 말려 줘요.
洗濯物を干してね。
센타꾸모노오 호시떼네

개에게 밥 좀 줘요.
犬にえさをあげてね。
이누니 에사오 아게떼네

그 셔츠를 다려 주세요.
そのシャツにアイロンをかけてください。
소노 샤쓰니 아이롱오 카께떼 구다사이

Conversation

A: まあ、散らかってること!
B: すぐ片付けますよ。

어머, 난장판이구나!
금방 치울게요.

>> 또박또박 쓰면서 말해볼까요?   >> 말하기 <<

部屋を片付けなさい。

お手伝いをしてね。

掃除を手伝ってね。

洗濯物を干してね。

犬にえさをあげてね。

そのシャツにアイロンをかけてください。

 # Unit 06 귀가

>> 녹음을 듣고 소리내어 읽어볼까요?

곧장 집으로 갈까?
まっすぐ家に帰ろうかな。
맛스구 이에니 가에로-까나

다녀왔어요.
ただいま。
다다이마

어서 와요.
おかえりなさい。
오까에리나사이

피곤한데.
疲れたな。
쓰까레따나

오늘은 즐거웠니?
今日は楽しかった？
쿄-와 다노시깟따

일은 어땠어요?
仕事はどうでしたか。
시고또오 도-데시다까

Conversation

A: 今日はどうでした？
B: 今日はすべてうまくいったよ。
　오늘은 어땠어요?
　오늘은 모두 잘 됐어요.

>> 또박또박 쓰면서 말해볼까요?　　　　　　　　　　　　　>> 말하기 <<

✏ まっすぐ家に帰ろうかな。

✏ ただいま。

✏ おかえりなさい。

✏ 疲れたな。

✏ 今日は楽しかった？

✏ 仕事はどうでしたか。

 # 저녁식사

>> 녹음을 듣고 소리내어 읽어볼까요?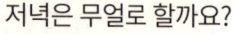

저녁은 무얼로 할까요?
ゆうしょく　なに
夕食は何にしましょうか。
유-쇼꾸와 나니니 시마쇼-까

저녁밥 다 되었어요?
　ばん　　はん
晩ご飯はできましたか。
방고항와 데끼마시다까

식사 준비를 거들어 주겠니?
　はん　　したく　　てつだ
ご飯の支度を手伝ってくれる?
고한노 시타꾸오 데쓰닷떼 구레루

잘 먹겠습니다.

いただきます。
이따다끼마스

잘 먹었습니다.

ごちそうさま。
고찌소-사마

그릇 좀 치워 주겠니?
　さら　　かたづ
お皿を片付けてくれる?
오사라오 가따즈께떼 구레루

Conversation

A: ちゃんと手を洗った?
B: はい。これ、ほんとうにおいしそうですね。

손은 잘 씻었니?
네. 이거 정말 맛있어 보이네요.

24 • 쓰면서 말해봐 일상편

또박또박 쓰면서 말해볼까요? >> 말하기 <<

夕食は何にしましょうか。

晩ご飯はできましたか。

ご飯の支度を手伝ってくれる?

いただきます。

ごちそうさま。

お皿を片付けてくれる?

저녁시간을 보낼 때

>> 녹음을 듣고 소리내어 읽어볼까요?   듣기

역시 집이 좋아!

やっぱり家はいいな。

얍빠리 이에와 이-나

샤워 좀 할까?

シャワーを浴びるか。

샤와-오 아비루까

목욕물이 데워졌어요.

お風呂がわいてるよ。

오후로가 와이떼루요

텔레비전을 더 보고 싶어요.

もっとテレビが見たいですよ。

못또 테레비가 미따이데스요

숙제는 끝났니?

宿題は終わったの？

슈꾸다이와 오왓따노

내일 준비는 다 했니?

あしたの用意はできているの？

아시따노 요-이와 데끼떼 이루노

A: **今何やってるの？**
B: **テレビを見ていますよ。**
　 지금 무얼 하고 있니?
　 텔레비전을 보고 있어요.

 >> 또박또박 쓰면서 말해볼까요? >> 말하기 <<

やっぱり家はいいな。

シャワーを浴びるか。

お風呂がわいてるよ。

もっとテレビが見たいですよ。

宿題は終わったの？

あしたの用意はできているの？

 # 휴일

>> 녹음을 듣고 소리내어 읽어볼까요?

오늘은 어떻게 보낼까?
今日はどうやって過そうかな。
쿄-와 도-얏떼 스고소-까나

낮잠을 자고 싶군.
昼寝をしたいな。
히루네오 시따이나

백화점에 쇼핑 갑시다.
デパートに買い物に行きましょう。
데파-토니 가이모노니 이끼마쇼-

개를 데리고 산책을 가자.
犬を連れて散歩に行こう。
이누오 쓰레떼 삼뽀니 이꼬-

오늘은 데이트가 있어요.
今日はデートなんですよ。
쿄-와 데-토난데스요

프로야구를 보러 갑시다.
プロ野球を見に行きましょう。
프로야뀨-오 미니 이기마쇼-

Conversation

A: 今夜は外食しましょう。
B: どこか行きたい店はありますか。
오늘밤에는 외식합시다.
어디 가고 싶은 가게는 있어요?

>> 또박또박 쓰면서 말해볼까요?   >> 말하기 <<

今日はどうやって過そうかな。

昼寝をしたいな。

デパートに買い物に行きましょう。

犬を連れて散歩に行こう。

今日はデートなんですよ。

プロ野球を見に行きましょう。

 ## 잠잘 때

>> 녹음을 듣고 소리내어 읽어볼까요?

오늘밤은 일찍 잡시다.
今夜は早く寝ましょう。
공야와 하야꾸 네마쇼-

이제 잘 시간이에요.
もう寝る時間ですよ。
모- 네루 지깡데스요

텔레비전을 보지 말고 일찍 자거라.
テレビを見ないで早く寝なさい。
테레비오 미나이데 하야꾸 네나사이

내일은 아침 일찍 깨워줘요.
あしたは朝早く起こしてね。
아시따와 아사하야꾸 오꼬시떼네

좋은 꿈꾸세요.
いい夢を見ますように。
이- 유메오 미마스요-니

안녕히 주무세요(잘 자거라).
おやすみなさい。
오야스미나사이

A: 寝ていたの?
B: いいや、起きていたよ。
자고 있었니?
아냐, 안 자고 있었어.

또박또박 쓰면서 말해볼까요?   말하기

今夜は早く寝ましょう。

もう寝る時間ですよ。

テレビを見ないで早く寝なさい。

あしたは朝早く起こしてね。

いい夢を見ますように。

おやすみなさい。

 대화 연습 **PART 01**

• 대화 내용의 녹음을 듣고 우리말을 일본어로 말해 보세요.

Unit 01
A: 잘 잤어요?
B: いいえ、悪い夢をみました。

Unit 02
A: 遅くなりました。 아침식사는 안 먹을래요.
B: でも少しは食べないとね。

Unit 03
A: さあ、밥 먹어요.
B: はい、いただきます。

Unit 04
A: 도시락은 챙겼니?
B: 遅刻だ。

Unit 05
A: まあ、散らかってること!
B: 금방 치울게요.

Unit 06
A: 오늘은 어땠어요?
B: 今日はすべてうまくいったよ。

Unit 07
A: ちゃんと手を洗った?
B: はい。 이거 정말 맛있어 보이네요.

Unit 08
A: 今何やってるの?
B: 텔레비전을 보고 있어요.

Unit 09
A: 오늘밤에는 외식합시다.
B: どこか行きたい店はありますか。

Unit 10
A: 자고 있었니?
B: いいや、起きていたよ。

PART 02

書くことで会話が身につく

✿ 눈으로 읽고
✿ 귀로 듣고
✿ 손으로 쓰고
✿ 입으로 소리내어 말한다!

학교생활

 # 출신학교

>> 녹음을 듣고 소리내어 읽어볼까요?

대학은 이미 졸업했어요.
大学はもう卒業しています。
다이가꾸와 모- 소쯔교-시떼 이마스

지금 대학에 다니고 있어요.
いま、大学へ行っています。
이마, 다이가꾸에 잇떼 이마스

어느 대학을 다니고 있어요?
どちらの大学に行っていますか。
도찌라노 다이가꾸니 잇떼 이마스까

어느 학교를 나왔어요?
どちらの学校を出ましたか。
도찌라노 각꼬-오 데마시다까

어느 학교 출신이세요?
出身校はどちらですか。
슛싱꼬-와 도찌라데스까

그녀는 사립대학 출신이에요.
彼女は私立大学の出身です。
가노죠와 시리쯔 다이가꾸노 슛신데스

 Conversation

A: **あなたはどこの大学を出ましたか。**
B: **地方の国立大学に通いました。**

당신은 어느 대학을 나왔어요?
지방 국립대학을 다녔어요.

또박또박 쓰면서 말해볼까요? >> 말하기 <<

✎ 大学はもう卒業しています。

✎ いま、大学へ行っています。

✎ どちらの大学に行っていますか。

✎ どちらの学校を出ましたか。

✎ 出身校はどちらですか。

✎ 彼女は私立大学の出身です。

Unit 02 전공에 대해서

>> 녹음을 듣고 소리내어 읽어볼까요?   듣기

대학에서의 전공은 무엇입니까?
大学での専攻は何ですか。
다이가꾸데노 셍꼬-와 난데스까

무엇을 전공하셨습니까?
何を専攻なさいましたか。
나니오 셍꼬- 나사이마시다까

대학에서는 무엇을 공부했습니까?
大学では何を勉強しましたか。
다이가꾸데와 나니오 벵꼬- 시마시다까

학부에서 법을 전공했습니다.
学部で法学を専攻しました。
가꾸부데 호-가꾸오 셍꼬-시마시다

당신은 경제를 전공하고 있습니까?
あなたは経済を専攻していますか。
아나따와 케-자이오 셍꼬-시떼 이마스까

대학원에서는 언어학을 연구했습니다.
大学院では言語学を研究しました。
다이가꾸인데와 겡고가꾸오 겡뀨-시마시다

Conversation

A: 大学で何を専攻したのですか。
B: 経済学です。

A: 대학에서 무엇을 전공했습니까?
B: 경제학입니다.

또박또박 쓰면서 말해볼까요? >> 말하기 <<

✏ 大学での専攻は何ですか。

✏ 何を専攻なさいましたか。

✏ 大学では何を勉強しましたか。

✏ 学部で法学を専攻しました。

✏ あなたは経済を専攻していますか。

✏ 大学院では言語学を研究しました。

 # Unit 03 학년과 학교

≫ 녹음을 들고 소리내어 읽어볼까요?

듣기

학생이세요?
学生さんですか。
각세-산데스까

당신은 몇 학년이세요?
あなたは何年生ですか。
아나따와 난넨세-데스까

학교는 집에서 그다지 멀지 않아요.
学校は家からあまり遠くないです。
각꼬-와 이에까라 아마리 도-꾸나이데스

저 하얀 건물이 도서관인가요?
あの白い建物が図書館ですか。
아노 시로이 다떼모노가 도쇼깐데스까

식당은 어디에 있어요?
食堂はどこにありますか。
쇼꾸도-와 도꼬니 아리마스까

캠퍼스는 상당히 넓군요.
キャンパスはなかなか広いですね。
캄파스와 나까나까 히로이데스네

A: 今、通っている学校はどうですか。
B: いいですよ。キャンパスも広くて静かです。

지금 다니고 있는 학교는 어때요?
좋아요. 캠퍼스도 넓고 조용해요.

38 • 쓰면서 말해봐 일상편

또박또박 쓰면서 말해볼까요? >> 말하기 <<

✎ 学生さんですか。

✎ あなたは何年生ですか。

✎ 学校は家からあまり遠くないです。

✎ あの白い建物が図書館ですか。

✎ 食堂はどこにありますか。

✎ キャンパスはなかなか広いですね。

Unit 04 등교

>> 녹음을 듣고 소리내어 읽어볼까요?

서둘지 않으면 지각해.
急がないと、遅刻するよ。
이소가나이또, 치코꾸스루요

벌써 시간이 이렇게 됐네. 빨리 가야겠어.
もうこんな時間だ。早く行かなくっちゃ。
모- 곤나 지깐다. 하야꾸 이까나꿋쨔

빠뜨린 건 없니?
忘れ物はないの？
와스레모노와 나이노

뭔가 빠뜨린 것 같은 느낌이 들어요.
何か忘れ物したような気がしますよ。
나니까 와스레모노시따 요-나 기가 시마스요

오늘 아침은 평소보다 늦어도 돼요.
今朝はいつもより遅くてもいいんですよ。
게사와 이쓰모요리 오소꾸떼모 이인데스요

나는 자전거로 통학하고 있어요.
わたしは自転車で通学しています。
와따시와 지뗀샤데 쓰-가꾸시떼 이마스

Conversation

A: まだ学校へ行かないの？
B: 今日は開校記念日ですよ。

아직 학교에 안 가니?
오늘은 개교기념일이에요.

또박또박 쓰면서 말해볼까요? >> 말하기 <<

急がないと、遅刻するよ。

もうこんな時間だ。早く行かなくっちゃ。

忘れ物はないの?

何か忘れ物したような気がしますよ。

今朝はいつもより遅くてもいいんですよ。

わたしは自転車で通学しています。

 # 학교생활

>> 녹음을 듣고 소리내어 읽어볼까요? 듣기

무슨 동아리에 들었니?

何のクラブに入ってるの？
なん　　　　　　　　　はい

난노 쿠라부니 하잇떼루노

대학시절에 동아리 활동을 했어요?

大学時代にクラブ活動をしましたか。
だいがく　じ　だい　　　　　　　　　かつどう

다이가꾸 지다이니 쿠라부 카쯔도-오 시마시다까

아르바이트는 하니?

アルバイトはしているの？

아루바이토와 시떼이루노

파트타임으로 일해요.

パートで働いているんです。
　　　　　はたら

파-토데 하따라이떼 이룬데스

학창시절, 해외여행을 한 적이 있어요?

学生時代、海外旅行をしたことがありますか。
がくせい　じ　だい　　　かいがいりょこう

각세- 지다이, 카이가이료꼬-오 시따 고또가 아리마스까

지금부터 아르바이트야.

これからアルバイトなんだ。

고레까라 아루바이토난다

Conversation

A: 何のアルバイトをしているの？
　　 なん
B: 家庭教師だよ。
　　 か ていきょうし

무슨 아르바이트를 하고 있니?
과외선생이야.

>> 또박또박 쓰면서 말해볼까요?　　　　　　　　　　　　　　　　>> 말하기 <<

- 何のクラブに入ってるの?

- 大学時代にクラブ活動をしましたか。

- アルバイトはしているの?

- パートで働いているんです。

- 学生時代、海外旅行をしたことがありますか。

- これからアルバイトなんだ。

수강 신청

>> 녹음을 듣고 소리내어 읽어볼까요?

어느 과정을 수강하고 싶니?
どの課程を受講したいの？
도노 카떼-오 쥬꼬-시따이노

이번 학기에 몇 과목 수강신청을 했니?
今学期に、何科目の受講申し込みをした？
콩각끼니, 낭카모꾸노 쥬꼬- 모-시꼬미오 시따

어느 강의를 받을지 아직 안 정했니?
どの講義を受けるかまだ決めてない？
도노 코-기오 우께루까 마다 기메떼 나이

이 강의는 상당히 재미있을 거 같아.
この講義はなかなかおもしろそうだね。
고노 코-기와 나까나까 오모시로소-다네

이 강의는 기어코 수강할 생각이야.
この講義は絶対、取るつもりだよ。
고노 코-기와 젯따이, 도루 쓰모리다요

언제 수강 과목을 바꿀 수 있나요?
いつ、受講科目を変えることができますか。
이쯔, 쥬꼬- 카모꾸오 가에루 고또가 데끼마스까

Conversation

A: 経済学の受講を申し込むつもり？
B: まだ決めていないよ。

경제학 수강을 신청할거니?
아직 못 정했어.

또박또박 쓰면서 말해볼까요?   >> 말하기 <<

✎ どの課程を受講したいの?

✎ 今学期に、何科目の受講申し込みをした?

✎ どの講義を受けるかまだ決めてない?

✎ この講義はなかなかおもしろそうだね。

✎ この講義は絶対、取るつもりだよ。

✎ いつ、受講科目を変えることができますか。

 # Unit 07 수업 진행

>> 녹음을 듣고 소리내어 읽어볼까요?　 듣기

여러분, 출석을 부르겠어요.
皆_{みな}さん、出席_{しゅっせき}を取_とります。
미나상, 슛세끼오 도리마스

자, 수업을 시작하겠어요.
さあ、授業_{じゅぎょう}を始_{はじ}めます。
사-, 쥬교-오 하지메마스

교과서를 펴세요.
教科書_{きょうかしょ}を開_あけてください。
교-까쇼오 아케떼 구다사이

칠판을 잘 보세요.
黒板_{こくばん}をよく見_みてください。
고꾸방오 요꾸 미떼 구다사이

잠깐 쉬고 나서 시작하죠.
ちょっと休_{やす}んでから始_{はじ}めましょう。
촛또 야슨데까라 하지메마쇼-

오늘은 이만 마치겠어요.
今日_{きょう}はこれで終_おわりましょう。
쿄-와 고레데 오와리마쇼-

Conversation

A: では、今日_{きょう}はここまで。
B: ありがとうございました。
그럼, 오늘은 여기까지.
수고하셨습니다.

46 • 쓰면서 말해봐 일상편

>> 또박또박 쓰면서 말해볼까요? >> 말하기 <<

✎ 皆さん、出席を取ります。

✎ さあ、授業を始めます。

✎ 教科書を開けてください。

✎ 黒板をよく見てください。

✎ ちょっと休んでから始めましょう。

✎ 今日はこれで終わりましょう。

Unit 08 수업 시간

>> 녹음을 듣고 소리내어 읽어볼까요?

여러분, 알겠어요?
皆さん、分かりますか。
미나상, 와까리마스까

다른 질문은 없나요?
ほかの質問はありませんか。
호까노 시쯔몽와 아리마셍까

좋은 질문이군요.
いい質問ですね。
이- 시쯔몬데스네

다시 한 번 설명해 주시겠어요.
もう一度説明していただけませんか。
모- 이찌도 세쯔메-시떼 이따다께마셍까

누구 아는 사람 없나요?
だれか、わかる人いませんか。
다레까, 와까루 히또 이마셍까

이것은 매우 중요해요.
これはとても重要ですよ。
고레와 도떼모 쥬-요-데스요

Conversation

A: **先生、質問があります。**
B: **はい、何ですか。**
선생님, 질문이 있습니다.
네, 뭐죠?

 >> 또박또박 쓰면서 말해볼까요?  >> 말하기 <<

- 皆さん、分かりますか。

- ほかの質問はありませんか。

- いい質問ですね。

- もう一度説明していただけませんか。

- だれか、わかる人いませんか。

- これはとても重要ですよ。

Unit 09 시험과 성적

>> 녹음을 듣고 소리내어 읽어볼까요?

듣기

언제부터 기말시험이 시작됩니까?
いつから期末試験が始まりますか。
이쓰까라 기마쯔 시껭가 하지마리마스까

시험에 나오는 범위는 어디입니까?
試験に出る範囲はどこですか。
시껜니 데루 항이와 도꼬데스까

시험공부는 했나요?
試験勉強はしましたか。
시껨벵꾜-와 시마시다까

시험 결과는 어땠어요?
試験の結果はどうでしたか。
시껜노 겍까와 도-데시다까

이번 시험은 예상 이외로 쉬웠어요.
今度の試験は予想外に易しかったです。
곤도노 시껭와 요소-가이니 야사시깟따데스

제 학교 성적은 그저 그랬어요.
わたしの学校の成績はまあまあでした。
와따시노 각꼬-노 세-세끼와 마-마-데시다

Conversation

A: 今度の試験はどうでしたか。
B: なかなか難しかったですよ。
　　이번 시험은 어땠어요?
　　상당히 어려웠어요.

- いつから期末試験が始まりますか。

- 試験に出る範囲はどこですか。

- 試験勉強はしましたか。

- 試験の結果はどうでしたか。

- 今度の試験は予想外に易しかったです。

- わたしの学校の成績はまあまあでした。

Unit 10 학교행사

>> 녹음을 듣고 소리내어 읽어볼까요?

오늘은 딸 입학식입니다.
今日はむすめの入学式です。
쿄-와 무스메노 뉴-가꾸시끼데스

이제 곧 신학기가 시작됩니다.
もうすぐ新学期が始まります。
모- 스구 싱각끼가 하지마리마스

매일 운동회 연습이야.
毎日、運動会の練習だよ。
마이니찌, 운도-까이노 렌슈-다요

수학여행은 즐거웠어.
修学旅行は楽しかったよ。
슈-가꾸료꼬-와 다노시깟따요

이제 곧 대학축제이군요.
もうすぐ大学祭ですね。
모- 스구 다이가꾸사이데스네

내일은 아들 졸업식이 있습니다.
あしたは息子の卒業式があります。
아시따와 무스꼬노 소쯔교-시끼가 아리마스

Conversation

A: 今度の文化祭のとき、何かする?
B: うん、クラスで芝居をするんだ。

이번 문화제 때 뭔가 하니?
응, 반에서 연극을 해.

또박또박 쓰면서 말해볼까요?   >> 말하기 <<

✎ 今日はむすめの入学式です。

✎ もうすぐ新学期が始まります。

✎ 毎日、運動会の練習だよ。

✎ 修学旅行は楽しかったよ。

✎ もうすぐ大学祭ですね。

✎ あしたは息子の卒業式があります。

 대화 연습 PART 02

● 대화 내용의 녹음을 듣고 우리말을 일본어로 말해 보세요.

Unit 01
A: 당신은 어느 대학을 나왔어요?
B: 地方の国立大学に通いました。

Unit 02
A: 대학에서 무엇을 전공했습니까?
B: 経済学です。

Unit 03
A: 지금 다니고 있는 학교는 어때요?
B: いいですよ。キャンパスも広くて静かです。

Unit 04
A: 아직 학교에 안 가니?
B: 今日は開校記念日ですよ。

Unit 05
A: 무슨 아르바이트를 하고 있니?
B: 家庭教師だよ。

Unit 06
A: 経済学の受講を申し込むつもり?
B: 아직 못 정했어.

Unit 07
A: では、今日はここまで。
B: 수고하셨습니다.

Unit 08
A: 先生、질문이 있습니다.
B: はい、何ですか。

Unit 09
A: 今度の試験はどうでしたか。
B: 상당히 어려웠어요.

Unit 10
A: 今度の文化祭のとき、何かする?
B: うん、반에서 연극을 해.

PART 03

書くことで会話が身につく

✡ 눈으로 읽고
✡ 귀로 듣고
✡ 손으로 쓰고
✡ 입으로 소리내어 말한다!

직장생활

 출퇴근

>> 녹음을 듣고 소리내어 읽어볼까요?

또 지각이군요.
また遅刻ですね。
마따 치코꾸데스네

타임카드는 찍었어요?
タイムカードは押しましたか。
타이무카-도와 오시마시다까

오늘 일은 몇 시에 끝나요?
今日の仕事は何時に終わりますか。
쿄-노 시고또와 난지니 오와리마스까

이제 끝냅시다.
もう終りにしましょう。
모- 오와리니 시마쇼-

수고하셨습니다. 내일 봐요!
お疲れさまでした。また明日！
오쓰까레사마데시다. 마따 아시따

먼저 실례하겠습니다.
では、お先に失礼します。
데와, 오사끼니 시쯔레-시마스

Conversation

A: どうして遅れたんだい。
B: 5分遅れただけです。
왜 늦었나?
5분 늦었을 뿐입니다.

>> 또박또박 쓰면서 말해볼까요?　　　　　　　　　　　　　　　　>> 말하기 <<

- また遅刻ですね。

- タイムカードは押しましたか。

- 今日の仕事は何時に終わりますか。

- もう終りにしましょう。

- お疲れさまでした。また明日！

- では、お先に失礼します。

 # 직장에 대해서

>> 녹음을 듣고 소리내어 읽어볼까요?

당신은 회사원입니까?
あなたは会社員ですか。
아나따와 카이샤인데스까

어느 회사에 근무합니까?
どの会社に勤めていますか。
도노 카이샤니 쓰또메떼 이마스까

어느 부서입니까?
部署はどこですか。
부쇼와 도꼬데스까

저는 이 회사에서 영업을 하고 있습니다.
わたしはこの会社で営業をやっています。
와따시와 고노 카이샤데 에-교-오 얏떼 이마스.

회사는 어디에 있습니까?
会社はどこにあるんですか。
카이샤와 도꼬니 아룬데스까

정년은 언제입니까?
定年はいつですか。
테-넹와 이쯔데스까

 **Conversation**

A: **あなたはどの会社に勤めていますか。**
B: **わたしは貿易会社で働いています。**

당신은 어느 회사에 근무합니까?
저는 무역회사에서 일하고 있습니다.

>> 또박또박 쓰면서 말해볼까요?   >> 말하기 <<

✎ あなたは会社員ですか。

✎ どの会社に勤めていますか。

✎ 部署はどこですか。

✎ わたしはこの会社で営業をやっています。

✎ 会社はどこにあるんですか。

✎ 定年はいつですか。

Unit 03 업무를 볼 때

» 녹음을 듣고 소리내어 읽어볼까요?   «« 듣기 »»

지금 무얼 하고 계신가요?
今、何をしていらっしゃいますか。
이마, 나니오 시떼 이랏샤이마스까

당신이 해줘야 할 일이 있어요.
あなたにやってもらいたい仕事があります。
아나따니 얏떼 모라이따이 시고또가 아리마스

일이 산더미처럼 쌓여 있어요.
仕事が山積みです。
시고또가 야마즈미데스

그 일은 지금 하고 있는 중이에요.
その仕事は、今しているところです。
소노 시고또와, 이마 시떼 이루 도꼬로데스

일이 끝나려면 아직 멀었어요.
仕事が終わるまでは、まだまだです。
시고또가 오와루마데와, 마다마다데스

이 일을 빨리 끝냅시다.
この仕事を早く済ませましょう。
고노 시고또오 하야꾸 스마세마쇼-

Conversation

A: 時間がどれくらいかかりましたか。
B: 計画した日にちより、二倍以上もかかりました。
시간이 어느 정도 걸렸어요?
계획한 날짜보다 두 배 이상이나 걸렸어요.

>> 또박또박 쓰면서 말해볼까요?   >> 말하기 <<

✏ 今、何をしていらっしゃいますか。

✏ あなたにやってもらいたい仕事があります。

✏ 仕事が山積みです。

✏ その仕事は、今しているところです。

✏ 仕事が終わるまでは、まだまだです。

✏ この仕事を早く済ませましょう。

 # Unit 04 사무기기

>> 녹음을 듣고 소리내어 읽어볼까요?   듣기

뭐 필요한 것은 없나요?
何か必要なものはありませんか。
나니까 히쯔요-나 모노와 아리마셍까

오늘 복사용지를 주문했어요.
今日、コピー用紙を注文しました。
쿄-, 코피-요-시오 츄-몬시마시다

토너가 떨어지면 교환해 주세요.
トナーがなくなったら、交換してください。
토나-가 나꾸낫따라, 코-깐시떼 구다사이

양면테이프를 안 갖고 있나요?
両面テープを持っていませんか。
료-멘 테-푸오 못떼 이마셍까

잠깐 호치키스를 빌려 주세요.
ちょっと、ホチキスを貸してください。
촛또, 호치키스오 가시떼 구다사이

누구 고무밴드 안 가지고 있나요?
だれか輪ゴムを持っていませんか。
다레까 와고무오 못떼 이마셍까

Conversation

A: この書類をコピーしてください。
B: はい、何部をコピーしましょうか。

이 서류를 복사해 주세요.
네, 몇 부를 복사할까요?

>> 또박또박 쓰면서 말해볼까요? >> 말하기 <<

✎ 何か必要なものはありませんか。

✎ 今日、コピー用紙を注文しました。

✎ トナーがなくなったら、交換してください。

✎ 両面テープを持っていませんか。

✎ ちょっと、ホチキスを貸してください。

✎ だれか輪ゴムを持っていませんか。

Unit 05 팩스와 컴퓨터

>> 녹음을 듣고 소리내어 읽어볼까요?

지금 팩스로 보내 주세요.
今、ファックスで送ってください。
이마, 확쿠스데 오쿳떼 구다사이

견적서를 팩스로 보내겠습니다.
見積書をファックスで送ります。
미쓰모리쇼오 확쿠스데 오꾸리마스

팩스번호를 알려 주세요.
ファックス番号を教えてください。
확쿠스 방고-오 오시에떼 구다사이

보고서 파일명은 뭐죠?
報告書のファイル名は何ですか。
호-코꾸쇼노 화이루메-와 난데스까

컴퓨터가 다운됐어요.
コンピューターがフリーズしましたよ。
콤퓨-타-가 후리-즈시마시다

바이러스 체크를 해 봤어요?
ウイルスチェックしてみましたか。
우이루스 쳭꾸시떼 미마시다까

A: ファックスが来ていますよ。
B: どこからファックスが来ましたか。
　팩스가 와 있어요.
　어디서 팩스가 왔어요?

>> 또박또박 쓰면서 말해볼까요?　　　　　　　　　　　　>> 말하기 <<

✎ 今、ファックスで送ってください。

✎ 見積書をファックスで送ります。

✎ ファックス番号を教えてください。

✎ 報告書のファイル名は何ですか。

✎ コンピューターがフリーズしましたよ。

✎ ウイルスチェックしてみましたか。

Unit 06 인터넷과 이메일

>> 녹음을 듣고 소리내어 읽어볼까요?

이번에 홈페이지를 갱신했어요.
今度、ホームページを更新しましたよ。
곤도, 호-무페-지오 고-신시마시다요

이 사이트는 상당히 재밌군요.
このサイトはなかなかおもしろいですね。
고노 사이토와 나까나까 오모시로이데스네

이건 인터넷으로 찾아볼게요.
これはインターネットで調べてみますよ。
고레와 인타-넷토데 시라베떼 미마스요

이메일 주소를 가르쳐 주세요.
メールアドレスを教えてください。
메-루 아도레스오 오시에떼 구다사이

서류를 메일로 보내 주세요.
書類をメールで送ってください。
쇼루이오 메-루데 오쿳떼 구다사이

스팸메일이 늘어나 큰일이에요.
迷惑メールが増えて困っているんです。
메-와꾸메-루가 후에떼 고맛떼 이룬데스

A: **今、メールでお送りします。**
B: **こちらのメールアドレスはご存じですか。**
지금 메일로 보내드리겠습니다.
저희 이메일 주소는 아십니까?

今度、ホームページを更新しましたよ。

このサイトはなかなかおもしろいですね。

これはインターネットで調べてみますよ。

メールアドレスを教えてください。

書類をメールで送ってください。

迷惑メールが増えて困っているんです。

 # Unit 07 회의와 프리젠테이션

>> 녹음을 듣고 소리내어 읽어볼까요?

오후 회의는 어디서 있나요?
午後の会議はどこであるんですか。
고고노 카이기와 도꼬데 아룬데스까

회의는 몇 시부터인가요?
会議は何時からですか。
카이기와 난지까라데스까

이번 회의는 참석할 수 없어요.
今回の会議には出られません。
공까이노 카이기니와 데라레마셍

그 밖에 다른 의견은 없나요?
ほかに何か意見はありませんか。
호까니 나니까 이껭와 아리마셍까

프레젠테이션은 언제인가요?
プレゼンテーションはいつですか。
푸레젠테-숑와 이쯔데스까

프레젠테이션 반응은 어땠나요?
プレゼンテーションの反応はどうでしたか。
푸레젠테-숀노 한노-와 도-데시다까

A: 会議はどれくらいで終わりますか。
B: 今日の会議は長引くかもしれません。
회의는 어느 정도면 끝납니까?
오늘의 회의는 길어질지도 몰라요.

또박또박 쓰면서 말해볼까요? >> 말하기 <<

✎ 午後の会議はどこであるんですか。

✎ 会議は何時からですか。

✎ 今回の会議には出られません。

✎ ほかに何か意見はありませんか。

✎ プレゼンテーションはいつですか。

✎ プレゼンテーションの反応はどうでしたか。

회사생활

>> 녹음을 듣고 소리내어 읽어볼까요?

다음주부터 1주일간 휴가를 내고 싶습니다.

来週から一週間の休暇をとりたいのです。

라이슈-까라 잇슈-깐노 큐-까오 도리따이노데스

언제 월급을 올려 주시겠습니까?

いつ月給を上げていただけますか。

이쯔 겍큐오 아게떼 이따다께마스까

승진을 축하드립니다.

ご昇進、おめでとうございます。

고쇼-싱, 오메데또- 고자이마스

올해는 보너스도 안 나올 것 같아요.

今年は、ボーナスも出ないようですよ。

고또시와, 보-나스모 데나이요-데스요

부장님은 정년을 안 기다리고 명퇴했습니다.

部長は定年を待たずして勇退しました。

부쬬-와 테-넹오 마따즈시떼 유-따이시마시다

퇴근시간이에요. 일을 정리합시다.

退社時間ですよ。仕事を片付けましょう。

타이샤 지깐데스요. 시고또오 카따즈께마쇼-

Conversation

A: **課長に相談したいことがあるんですが。**
B: **どんな話なんだい。**

과장님께 의논드릴 말씀이 있는데요.
무슨 일인가?

>> 또박또박 쓰면서 말해볼까요?   >> 말하기 <<

- 来週から一週間の休暇をとりたいのです。

- いつ月給を上げていただけますか。

- ご昇進、おめでとうございます。

- 今年は、ボーナスも出ないようですよ。

- 部長は定年を待たずして勇退しました。

- 退社時間ですよ。仕事を片付けましょう。

 # Unit 09 회사방문 약속

>> 녹음을 듣고 소리내어 읽어볼까요?

내일 찾아뵙고 싶은데요.

あした、お伺いしたいのですが。

아시따, 오우까가이 시따이노데스가

지금 찾아봬도 될까요?

これからお伺いしてもいいですか。

고레까라 오우까가이시떼모 이-데스까

제가 그쪽으로 갈까요?

わたしがそちらに参りましょうか。

와따시가 소찌라니 마이리마쇼-까

우리 사무실까지 와 주시겠습니까?

わたしのオフィスまで来ていただけますか。

와따시노 오휘스마데 기떼 이따다께마스까

언제 가면 가장 좋을까요?

いつ行けばいちばんいいのでしょうか。

이쯔 이께바 이찌방 이-노데쇼-까

그 날은 스케줄이 잡혀 있습니다.

その日はスケジュールが入っています。

소노 히와 스케쥬-루가 하잇떼 이마스

Conversation

A: お時間があれば、お会いしたいのですが。
B: 午後3時はいかがでしょうか。

시간이 있으면, 뵙고 싶은데요.
오후 3시는 어떠세요?

또박또박 쓰면서 말해볼까요? >> 말하기 <<

✏ あした、お伺いしたいのですが。

✏ これからお伺いしてもいいですか。

✏ わたしがそちらに参りましょうか。

✏ わたしのオフィスまで来ていただけますか。

✏ いつ行けばいちばんいいのでしょうか。

✏ その日はスケジュールが入っています。

 # 회사방문

>> 녹음을 듣고 소리내어 읽어볼까요?   듣기

요시무라 씨를 뵙고 싶은데요.
吉村さんにお会いしたいのですが。
요시무라산니 오아이시따이노데스가

영업부 다나카 씨는 계십니까?
営業部の田中さんはいらっしゃいますか。
에-교-부노 타나까상와 이랏샤이마스까

무슨 용건이십니까?
何のご用件ですか。
난노 고요-껜데스까

자, 여기에 앉으십시오.
どうぞ、ここにお座りください。
도-조, 고꼬니 오스와리 쿠다사이

기다리게 해서 죄송합니다.
お待たせしてすみません。
오마따세시떼 스미마셍

이건 제 명함입니다.
これはわたしの名刺です。
고레와 와따시노 메-시데스

 Conversation

A: お約束ですか。
B: いいえ。でも田中さんにお会いしたいのですが。
약속은 하셨습니까?
아니오. 하지만 다나카 씨를 만나고 싶은데요.

또박또박 쓰면서 말해볼까요? >> 말하기 <<

✎ 吉村さんにお会いしたいのですが。

✎ 営業部の田中さんはいらっしゃいますか。

✎ 何のご用件ですか。

✎ どうぞ、ここにお座りください。

✎ お待たせしてすみません。

✎ これはわたしの名刺です。

 대화 연습 PART 03

● 대화 내용의 녹음을 듣고 우리말을 일본어로 말해 보세요.

Unit 01
A: 왜 늦었나?
B: 5分遅れただけです。

Unit 02
A: 당신은 어느 회사에 근무합니까?
B: わたしは貿易会社で働いています。

Unit 03
A: 시간이 어느 정도 걸렸어요?
B: 計画した日にちより、二倍以上もかかりました。

Unit 04
A: この書類をコピーしてください。
B: はい、몇 부를 복사할까요?

Unit 05
A: ファックスが来ていますよ。
B: 어디서 팩스가 왔어요?

Unit 06
A: 지금 메일로 보내드리겠습니다.
B: こちらのメールアドレスはご存じですか。

Unit 07
A: 회의는 어느 정도면 끝납니까?
B: 今日の会議は長引くかもしれません。

Unit 08
A: 과장님께 의논드릴 말씀이 있는데요.
B: どんな話なんだい。

Unit 09
A: 시간이 있으면, 뵙고 싶은데요.
B: 午後3時はいかがでしょうか。

Unit 10
A: 약속은 하셨습니까?
B: いいえ。でも田中さんにお会いしたいのですが。

PART 04

書くことで会話が身につく

✿ 눈으로 읽고
✿ 귀로 듣고
✿ 손으로 쓰고
✿ 입으로 소리내어 말한다!

초대와 방문

 # Unit 01 전화를 걸 때

» 녹음을 듣고 소리내어 읽어볼까요?   듣기

여보세요. 한국에서 온 김인데요.
もしもし。韓国(かんこく)から来(き)たキムですが。
모시모시. 캉코꾸까라 기따 기무데스가

여보세요. 요시다 씨 댁이죠?
もしもし、吉田(よしだ)さんのお宅(たく)ですか。
모시모시, 요시다산노 오따꾸데스까

나카무라 씨와 통화하고 싶은데요.
中村(なかむら)さんと話(はな)したいんですが。
나까무라산또 하나시따인데스가

여보세요. 스즈키 씨 좀 바꿔주세요.
もしもし、鈴木(すずき)さんをお願(ねが)いします。
모시모시, 스즈키상오 오네가이시마스

여보세요, 그쪽은 다나카 씨이세요?
もしもし、そちらは田中(たなか)さんでしょうか。
모시모시, 소찌라와 다나카산데쇼-까

요시노 선생님은 계세요?
吉野先生(よしのせんせい)はいらっしゃいますか。
요시노 센세-와 이랏샤이마스까

Conversation

A: もしもし。吉田(よしだ)さんのお宅(たく)ですか。
B: はい、そうですが。
　여보세요. 요시다 씨 댁이죠?
　네, 그런데요.

>> 또박또박 쓰면서 말해볼까요?

>> 말하기 <<

✎ もしもし。韓国から来たキムですが。

✎ もしもし、吉田さんのお宅ですか。

✎ 中村さんと話したいんですが。

✎ もしもし、鈴木さんをお願いします。

✎ もしもし、そちらは田中さんでしょうか。

✎ 吉野先生はいらっしゃいますか。

 # Unit 02 전화를 받을 때

>> 녹음을 듣고 소리내어 읽어볼까요? 듣기

네, 전데요.
はい、わたしですが。
하이, 와따시데스가

누구시죠?
どちらさまでしょうか。
도찌라사마데쇼-까

잠시 기다려 주십시오.
少々お待ちください。
쇼-쇼- 오마찌 구다사이

곧 요시무라 씨를 바꿔드릴게요.
ただいま吉村さんと代わります。
다다이마 요시무라산또 가와리마스

여보세요, 전화 바꿨습니다.
もしもし、お電話代わりました。
모시모시, 오뎅와 가와리마시다

지금 다른 전화를 받고 있는데요.
いま、ほかの電話に出ていますが。
이마, 호까노 뎅와니 데떼 이마스가

 **Conversation**
A: いま、ほかの電話に出ておりますが。
B: あ、そうですか。後でかけ直します。
지금 다른 전화를 받고 있는데요.
아, 그래요? 나중에 다시 걸게요.

はい、わたしですが。

どちらさまでしょうか。

少々お待ちください。

ただいま吉村さんと代わります。

もしもし、お電話代わりました。

いま、ほかの電話に出ていますが。

 **Unit 03 찾는 사람이 부재중일 때**

>> 녹음을 듣고 소리내어 읽어볼까요?

언제 돌아오세요?
いつお戻りになりますか。
이쯔 오모도리니 나리마스까

무슨 연락할 방법은 없나요?
何とか連絡する方法はありませんか。
난또까 렌라꾸스루 호-호-와 아리마셍까

나중에 다시 걸게요.
あとでもう一度かけなおします。
아또데 모- 이찌도 가께나오시마스

미안합니다. 아직 출근하지 않았습니다.
すみません。まだ出社しておりません。
스미마셍. 마다 슛샤시떼 오리마셍

잠깐 자리를 비웠습니다.
ちょっと席をはずしております。
촛또 세끼오 하즈시떼 오리마스

오늘은 쉽니다.
きょうは休みを取っております。
쿄-와 야스미오 돗떼 오리마스

Conversation

A: まだ帰ってきていないんですが。
B: 何とか連絡する方法はありませんか。
　 아직 돌아오지 않았는데요.
　 무슨 연락할 방법은 없나요?

또박또박 쓰면서 말해볼까요? 　　　　　말하기

✎ いつお戻りになりますか。

✎ 何とか連絡する方法はありませんか。

✎ あとでもう一度かけなおします。

✎ すみません。まだ出社しておりません。

✎ ちょっと席をはずしております。

✎ きょうは休みを取っております。

Unit 04 약속할 때

>> 녹음을 듣고 소리내어 읽어볼까요?

몇 시까지 시간이 비어 있나요?
何時まで時間があいてますか。
난지마데 지깡가 아이떼마스까

약속 장소는 그쪽에서 정하세요.
約束の場所はそちらで決めてください。
약소꾸노 바쇼와 소찌라데 기메떼 구다사이

좋아요. 그 때 만나요.
いいですよ。そのときに会いましょう。
이-데스요. 소노 도끼니 아이마쇼-

미안한데, 오늘은 안 되겠어요.
残念ながら、今日はだめなんです。
잔넨나가라, 쿄-와 다메난데스

그 날은 아쉽게도 약속이 있어요.
その日は、あいにくと約束があります。
소노 히오, 아이니꾸또 약소꾸가 아리마스

급한 일이 생겨서 갈 수 없네요.
急用ができて行けません。
큐-요-가 데끼떼 이께마셍

Conversation

A: わたしと昼食をいっしょにいかがですか。
B: 今日はまずいですけど、あしたはどうですか。

저와 함께 점심을 하실까요?
오늘은 곤란한데, 내일은 어때요?

 >> 또박또박 쓰면서 말해볼까요?   >> 말하기 <<

何時まで時間があいてますか。

約束の場所はそちらで決めてください。

いいですよ。そのときに会いましょう。

残念ながら、今日はだめなんです。

その日は、あいにくと約束があります。

急用ができて行けません。

초대할 때

>> 녹음을 듣고 소리내어 읽어볼까요?

우리 집에 식사하러 안 올래요?
うちに食事に来ませんか。
우찌니 쇼꾸지니 기마셍까

오늘밤 나와 식사는 어때요?
今晩、わたしと食事はどうですか。
곰방, 와따시또 쇼꾸지와 도-데스까

언제 한번 식사라도 하시지요.
そのうち食事でもいたしましょうね。
소노우찌 쇼꾸지데모 이따시마쇼-네

언제 한번 놀러 오세요.
いつか遊びに来てください。
이쯔까 아소비니 기떼 구다사이

가족 모두 함께 오십시오.
ご家族そろってお越しください。
고카조꾸 소롯떼 오꼬시 구다사이

아무런 부담 갖지 말고 오십시오.
どうぞお気軽にいらしてください。
도-조 오키가루니 이라시떼 구다사이

Conversation

A: 今晩、わたしと食事はどうですか。
B: いいですねえ。
　　오늘밤 나와 식사는 어때요?
　　좋지요.

또박또박 쓰면서 말해볼까요?   >> 말하기 <<

✎ うちに食事に来ませんか。

✎ 今晩、わたしと食事はどうですか。

✎ そのうち食事でもいたしましょうね。

✎ いつか遊びに来てください。

✎ ご家族そろってお越しください。

✎ どうぞお気軽にいらしてください。

 # Unit 06 초대에 응답할 때

>> 녹음을 듣고 소리내어 읽어볼까요?   **듣기**

기꺼이 갈게요.

よろこんでうかがいます。

요로꼰데 우까가이마스

꼭 갈게요.

きっと行(い)きます。

깃또 이끼마스

초대해 줘서 고마워요.

招(まね)いてくれてありがとう。

마네이떼 구레떼 아리가또-

아쉽지만 갈 수 없어요.

残念(ざんねん)ながら行(い)けません。

잔넨나가라 이께마셍

그 날은 갈 수 없을 것 같은데요.

その日(ひ)は行(い)けないようですが。

소노 히와 이께나이 요-데스가

그 날은 선약이 있어서요.

その日(ひ)は先約(せんやく)がありますので。

소노 히와 셍야꾸가 아리마스노데

A: 誕生(たんじょう)パーティーに来(き)てね。
B: もちろん。招(まね)いてくれてありがとう。

생일 파티에 와요.
당근이죠. 초대해 줘서 고마워요.

또박또박 쓰면서 말해볼까요?

よろこんでうかがいます。

きっと行きます。

招いてくれてありがとう。

残念ながら行けません。

その日は行けないようですが。

その日は先約がありますので。

 # Unit 07 방문할 때

>> 녹음을 듣고 소리내어 읽어볼까요?

요시무라 씨 댁이 맞습니까?
吉村さんのお宅はこちらでしょうか。
요시무라산노 오따꾸와 고찌라데쇼-까

스즈키 씨는 댁에 계십니까?
鈴木さんはご在宅ですか。
스즈끼상와 고자이따꾸데스까

5시에 약속을 했는데요.
5時に約束してありますが。
고지니 약소꾸시떼 아리마스가

좀 일찍 왔나요?
ちょっと来るのが早すぎましたか。
촛또 구루노가 하야스기마시다까

늦어서 죄송해요.
遅くなってすみません。
오소꾸낫떼 스미마셍

이거 변변치 않지만, 받으십시오.
これ、つまらないものですが、どうぞ。
고레, 쓰마라나이 모노데스가, 도-조

 **Conversation**

A: これ、つまらないものですが、どうぞ。
B: どうも、こんなことなさらなくてもいいのに。
　　이거 변변치 않지만, 받으십시오.
　　고마워요. 이렇게 안 가져 오셔도 되는데.

또박또박 쓰면서 말해볼까요?

- 吉村さんのお宅はこちらでしょうか。

- 鈴木さんはご在宅ですか。

- 5時に約束してありますが。

- ちょっと来るのが早すぎましたか。

- 遅くなってすみません。

- これ、つまらないものですが、どうぞ。

Unit 08 방문객을 맞이할 때

»» 녹음을 듣고 소리내어 읽어볼까요? «« 듣기 »»

잘 오셨습니다.

ようこそいらっしゃいました。
요-꼬소 이랏샤이마시다

자 들어오십시오.
　　　　　　は い
どうぞお入りください。
도-조 오하이리 구다사이

이쪽으로 오십시오.

こちらへどうぞ。
고찌라에 도-조

집안을 안내해드릴까요?
　　いえ　なか　　　 あんない
家の中をご案内しましょうか。
이에노 나까오 고안나이시마쇼-까

이쪽으로 앉으십시오.

こちらへおかけください。
고찌라에 오카께 구다사이

자 편히 하십시오.

どうぞくつろいでください。
도-조 구쓰로이데 구다사이

Conversation

　　　　　　　　き
A: よく来てくれました。うれしいです。
　　　　まね
B: お招きくださってありがとう。

잘 오셨습니다. 반갑습니다.
초대해 주셔서 고맙습니다.

>> 또박또박 쓰면서 말해볼까요?   >> 말하기 <<

ようこそいらっしゃいました。

どうぞお入りください。

こちらへどうぞ。

家の中をご案内しましょうか。

こちらへおかけください。

どうぞくつろいでください。

 # 방문객을 대접할 때

>> 녹음을 듣고 소리내어 읽어볼까요?

잘 먹겠습니다.

いただきます。

이따다끼마스

이 음식, 맛 좀 보세요.

この料理、味見してください。
　　りょうり　あじみ

고노 료-리, 아지미시떼 구다사이

벌써 많이 먹었어요.

もう十分いただきました。
　　じゅうぶん

모- 쥬-붕 이따다끼마시다

잘 먹었습니다.

ごちそうさまでした。

고찌소-사마데시다

요리를 잘하시는군요.

お料理が上手ですね。
　りょうり　じょうず

오료-리가 죠-즈데스네

정말로 맛있었어요.

ほんとうにおいしかったです。

혼또-니 오이시깟따데스

A: さあどうぞ、ご自由に食べてください。
　　　　　　　　じゅう　　た

B: はい、いただきます。

자 어서, 마음껏 드세요.
네, 잘 먹겠습니다.

또박또박 쓰면서 말해볼까요? 　　　　말하기

✎ いただきます。

✎ この料理、味見してください。

✎ もう十分いただきました。

✎ ごちそうさまでした。

✎ お料理が上手ですね。

✎ ほんとうにおいしかったです。

 # 방문을 마칠 때

>> 녹음을 듣고 소리내어 읽어볼까요?

이제 그만 가볼게요.

そろそろおいとまします。

소로소로 오이또마시마스

오늘은 만나서 즐거웠어요.

今日は会えてうれしかったです。

쿄-와 아에떼 우레시깟따데스

저희 집에도 꼭 오세요.

わたしのほうにもぜひ来てください。

와따시노 호-니모 제히 기떼 구다사이

정말로 즐거웠어요.

ほんとうに楽しかったです。

혼또-니 다노시깟따데스

저녁을 잘 먹었습니다.

夕食をごちそうさまでした。

유-쇼꾸오 고찌소-사마데시다

또 오세요.

また来てくださいね。

마따 기떼 구다사이네

Conversation

A: そろそろおいとまします。
B: もうお帰りですか。

이제 슬슬 가볼게요.
벌써 가시게요?

>> 또박또박 쓰면서 말해볼까요?   >> 말하기 <<

✏ そろそろおいとまします。

✏ 今日は会えてうれしかったです。

✏ わたしのほうにもぜひ来てください。

✏ ほんとうに楽しかったです。

✏ 夕食をごちそうさまでした。

✏ また来てくださいね。

● 대화 내용의 녹음을 듣고 우리말을 일본어로 말해 보세요.

Unit 01
A: もしもし。 요시다 씨 댁이죠?
B: はい、そうですが。

Unit 02
A: 지금 다른 전화를 받고 있는데요.
B: あ、そうですか。後でかけ直します。

Unit 03
A: まだ帰ってきていないんですが。
B: 무슨 연락할 방법은 없나요?

Unit 04
A: 저와 함께 점심을 하실까요?
B: 今日はまずいですけど、あしたはどうですか。

Unit 05
A: 오늘밤 나와 식사는 어때요?
B: いいですねえ。

Unit 06
A: 誕生パーティーに来てね。
B: 당근이죠. 초대해 줘서 고마워요.

Unit 07
A: 이거 변변치 않지만, 받으십시오.
B: どうも、こんなことなさらなくてもいいのに。

Unit 08
A: 잘 오셨습니다. 반갑습니다.
B: お招きくださってありがとう。

Unit 09
A: さあどうぞ、ご自由に食べてください。
B: 네, 잘 먹겠습니다.

Unit 10
A: 이제 슬슬 가볼게요.
B: もうお帰りですか。

PART 05

書くことで会話が身につく

✿ 눈으로 읽고
✿ 귀로 듣고
✿ 손으로 쓰고
✿ 입으로 소리내어 말한다!

공공장소

銀行で

>> 녹음을 듣고 소리내어 읽어볼까요?

은행은 어디에 있어요?
銀行はどこにありますか。
깅꼬-와 도꼬니 아리마스까

현금인출기는 어디에 있어요?
ATMはどこにありますか。
ATM와 도꼬니 아리마스까

계좌를 트고 싶은데요.
口座を設けたいのですが。
코-자오 모-께따이노데스가

예금하고 싶은데요.
預金したいのですが。
요낀시따이노데스가

환전 창구는 어디죠?
両替の窓口はどちらですか。
료-가에노 마도구찌와 도찌라데스까

대출 상담을 하고 싶은데요.
ローンの相談をしたいのですが。
로-ㄴ노 소-당오 시따이노데스가

Conversation

A: この1万円札をくずしてくれますか。
B: どのようにいたしましょうか。

이 1만 엔 권을 바꿔 주겠어요?
어떻게 해드릴까요?

>> 또박또박 쓰면서 말해볼까요?   >> 말하기 <<

✎ 銀行はどこにありますか。

✎ ATMはどこにありますか。

✎ 口座を設けたいのですが。

✎ 預金したいのですが。

✎ 両替の窓口はどちらですか。

✎ ローンの相談をしたいのですが。

Unit 02 우체국에서

>> 녹음을 들고 소리내어 읽어볼까요?

우체국은 어디에 있죠?
ゆうびんきょく
郵便局はどこにありますか。
유-빙쿄꾸와 도꼬니 아리마스까

우표는 어디서 살 수 있죠?
きって か
切手はどこで買えますか。
깃떼와 도꼬데 가에마스까

빠른우편으로 부탁해요.
そくたつ ねが
速達でお願いします。
소꾸타쯔데 오네가이시마스

항공편으로 보내 주세요.
こうくうびん
航空便にしてください。
코-꾸-빈니 시떼 구다사이

이 소포를 한국에 보내고 싶은데요.
こづつみ かんこく おく
この小包を韓国に送りたいのですが。
고노 코즈쓰미오 캉코꾸니 오꾸리따이노데스가

이 소포의 무게를 달아 주세요.
こづつみ おも はか
この小包の重さを計ってください。
고노 코즈쓰미노 오모사오 하깟떼 구다사이

Conversation

A: こづつみ かんこく おく
この小包を韓国に送りたいのですが。
B: なかみ なん
中身は何ですか。

이 소포를 한국에 보내고 싶은데요.
내용물은 뭡니까?

>> 또박또박 쓰면서 말해볼까요? >> 말하기 <<

✎ 郵便局はどこにありますか。

✎ 切手はどこで買えますか。

✎ 速達でお願いします。

✎ 航空便にしてください。

✎ この小包を韓国に送りたいのですが。

✎ この小包の重さを計ってください。

 # Unit 03 이발소에서

>> 녹음을 듣고 소리내어 읽어볼까요?   듣기

머리를 자르고 싶은데요.

髪を切りたいのですが。

가미오 기리따이노데스가

머리를 조금 잘라 주세요.

髪を少し刈ってください。

가미오 스꼬시 갓떼 구다사이

이발만 해 주세요.

散髪だけお願いします。

삼빠쯔다께 오네가이시마스

어떻게 자를까요?

どのように切りましょうか。

도노요-니 기리마쇼-까

평소 대로 해 주세요.

いつもどおりにお願いします。

이쯔모 도-리니 오네가이시마스

머리를 염색해 주세요.

髪の毛をそめてください。

가미노께오 소메떼 구다사이

 Conversation

A: どのように切りましょうか。
B: いまと同じ髪型にしてください。

어떻게 자를까요?
지금과 같은 헤어스타일로 해 주세요.

또박또박 쓰면서 말해볼까요?   >> 말하기 <<

髪を切りたいのですが。

髪を少し刈ってください。

散髪だけお願いします。

どのように切りましょうか。

いつも通りにお願いします。

髪の毛をそめてください。

 # Unit 04 미용실에서

>> 녹음을 듣고 소리내어 읽어볼까요?   듣기

괜찮은 미용실을 아세요?

いい美容院を知りませんか。

이- 비요-잉오 시리마셍까

파마를 예약하고 싶은데요.

パーマを予約したいのですが。

파-마오 요야꾸시따이노데스가

커트와 파마를 부탁할게요.

カットとパーマをお願いします。

캇토또 파-마오 오네가이시마스

얼마나 커트를 할까요?

どれくらいカットしますか。

도레쿠라이 캇토 시마스까

다듬기만 해 주세요.

そろえるだけでお願いします。

소로에루다께데 오네가이시마스

짧게 자르고 싶은데요.

ショートにしたいのですが。

쇼-토니 시따이노데스가

 **Conversation**

A: **今日はどうなさいますか。**
B: **ヘアスタイルを変えたいのですが。**

오늘은 어떻게 하시겠어요?
헤어스타일을 바꾸고 싶은데요.

또박또박 쓰면서 말해볼까요?   말하기

- いい美容院を知りませんか。

- パーマを予約したいのですが。

- カットとパーマをお願いします。

- どれくらいカットしますか。

- そろえるだけでお願いします。

- ショートにしたいのですが。

세탁소에서

>> 녹음을 듣고 소리내어 읽어볼까요?

세탁소에 갖다 주고 와요.

クリーニングに出してきてね。

쿠리-닝구니 다시떼 기떼네

드라이클리닝을 해 주세요.

ドライクリーニングをお願いします。

도라이쿠리-닝구오 오네가이시마스

셔츠에 있는 이 얼룩은 빠질까요?

シャツのこのシミは取れますか。

샤츠노 고노 시미와 도레마스까

다림질을 해 주세요.

アイロンをかけてください。

아이롱오 가케떼 구다사이

언제 될까요?

いつ仕上がりますか。

이쯔 시아가리마스까

치수를 고쳐 주실래요?

寸法を直してもらえますか。

슴뽀-오 나오시떼 모라에마스까

Conversation

A: これ、ドライクリーニングをお願いします。
B: はい、全部で5点ですね。

이거, 드라이클리닝을 해 주세요.
네, 전부해서 다섯 점이군요.

또박또박 쓰면서 말해볼까요? 　　　　말하기

✎ クリーニングに出してきてね。

✎ ドライクリーニングをお願いします。

✎ シャツのこのシミは取れますか。

✎ アイロンをかけてください。

✎ いつ仕上がりますか。

✎ 寸法を直してもらえますか。

 # Unit 06 부동산에서

>> 녹음을 듣고 소리내어 읽어볼까요?  듣기

안녕하세요, 셋방을 찾는데요.
こんにちは、部屋を探していますが。
곤니찌와, 헤야오 사가시떼 이마스가

어떤 방을 원하시죠?
どんな部屋をお望みですか。
돈나 헤야오 오노조미데스까

근처에 전철역은 있어요?
近くに電車の駅はありますか。
치카꾸니 덴샤노 에끼가 아리마스까

집세는 얼마 정도예요?
家賃はどれくらいですか。
야찡와 도레 쿠라이데스까

아파트를 보여주시겠어요?
アパートを見せてくださいませんか。
아파-토오 미세떼 구다사이마셍까

언제 들어갈 수 있어요?
いつ入居できますか。
이쯔 뉴-꾜데끼마스까

Conversation

A: どこに引っ越しするつもりですか。
B: 駅の近くの場所を探しています。

어디로 이사할 생각입니까?
역 근처의 장소를 찾고 있습니다.

  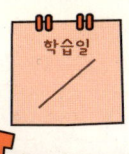

>> 또박또박 쓰면서 말해볼까요?   >> 말하기 <<

✏ こんにちは、部屋を探していますが。

✏ どんな部屋をお望みですか。

✏ 近くに電車の駅はありますか。

✏ 家賃はどれくらいですか。

✏ アパートを見せてくださいませんか。

✏ いつ入居できますか。

Unit 07 관공서에서

>> 녹음을 듣고 소리내어 읽어볼까요?

듣기

구청은 어디에 있습니까?
区役所はどこにありますか。
구야꾸쇼와 도꼬니 아리마스까

외국인 등록은 무슨 과입니까?
外国人登録は何課ですか。
가이꼬꾸진 도-로꾸와 나니까데스까

전입신고를 하고 싶은데요.
転入届を出したいんですが。
덴뉴-토도께오 다시따인데스가

제가 작성해야 할 서류는 무엇이죠?
わたしが作成すべき書類は何ですか。
와따시가 사꾸세-스베끼 쇼루이와 난데스까

먼저 신청서를 제출하세요.
まず申請書を提出してください。
마즈 신세-쇼오 테-슈쯔시떼 구다사이

근처에 파출소는 있습니까?
近くに交番はありますか。
치카꾸니 코-방와 아리마스까

Conversation

A: ご用件は何ですか。
B: はい、外国人登録をしに来ました。

무슨 용무로 오셨습니까?
네, 외국인등록을 하러 왔습니다.

>> 또박또박 쓰면서 말해볼까요?   >> 말하기 <<

✎ 区役所はどこにありますか。

✎ 外国人登録は何課ですか。

✎ 転入届を出したいんですが。

✎ わたしが作成すべき書類は何ですか。

✎ まず申請書を提出してください。

✎ 近くに交番はありますか。

Unit 08 미술관·박물관에서

>> 녹음을 듣고 소리내어 읽어볼까요?   듣기

미술관은 어디에 있습니까?
美術館はどこにありますか。
びじゅつかん
비쥬쓰깡와 도꼬니 아리마스까

입장료는 얼마입니까?
入館料はいくらですか。
にゅうかんりょう
뉴-깐료-와 이꾸라데스까

10명 이상은 단체할인이 있어요.
10名以上は団体割引がありますよ。
めいいじょう だんたいわりびき
쥬-메- 이죠-와 단따이 와리비끼가 아리마스요

휴관일은 언제입니까?
休館日はいつですか。
きゅうかんび
큐-깜비와 이쯔데스까

박물관은 몇 시에 닫습니까?
博物館は何時に閉まりますか。
はくぶつかん なんじ し
하꾸부쯔깡와 난지니 시마리마스까

관내 기념품점은 어디에 있습니까?
ミュージアムショップはどこにありますか。
뮤-지아무 숍푸와 도꼬니 아리마스까

Conversation

A: **開館時間は何時ですか。**
へいかんじかん なんじ
B: **午前10時から午後6時までです。**
ごぜん じ ごごじ

개관 시간은 몇 시입니까?
오전 10시부터 오후 6시까지입니다.

>> 또박또박 쓰면서 말해볼까요?　　　　　　　　　　　　　　　>> 말하기 <<

✎　美術館はどこにありますか。

✎　入館料はいくらですか。

✎　10名以上は団体割引がありますよ。

✎　休館日はいつですか。

✎　博物館は何時に閉まりますか。

✎　ミュージアムショップはどこにありますか。

Unit 09 문화시설・동식물원에서

>> 녹음을 듣고 소리내어 읽어볼까요?

듣기

근처에 콘서트홀이 생겼어요.
近所にコンサートホールができました。
킨죠니 콘사-토호-루가 데끼마시다

이번에는 시민홀에서 연주회가 있어요.
今度は市民ホールで演奏会があります。
곤도와 시밍호-루데 엔소-까이가 아리마스

이 식물원은 아주 넓어요.
この植物園はとても広いです。
고노 쇼꾸부쯔엥와 도떼모 히로이데스

여기는 일본에서 가장 큰 동물원입니다.
ここは日本で最大の動物園です。
고꼬와 니혼데 사이다이노 도-부쯔엔데스

이 빌딩에는 수족관도 있어요.
このビルには水族館もあります。
고노 비루니와 스이조꾸깜모 아리마스

여기는 천천히 자연 관찰을 할 수 있어요.
ここはゆっくり自然観察ができますよ。
고꼬와 육꾸리 시젱 칸사쯔가 데끼마스요

Conversation

A: 子供の入場料はいくらですか。
B: 今日は無料です。

어린이 입장료는 얼마예요?
오늘은 무료입니다.

또박또박 쓰면서 말해볼까요? 　　　　말하기

- 近所にコンサートホールができました。

- 今度は市民ホールで演奏会があります。

- この植物園はとても広いです。

- ここは日本で最大の動物園です。

- このビルには水族館もあります。

- ここはゆっくり自然観察ができますよ。

도서관에서

>> 녹음을 듣고 소리내어 읽어볼까요?

도서관에서 책을 빌려 올게요.
図書館で本を借りてきますよ。
도쇼깐데 홍오 가리떼 기마스요

이 책은 빌릴 수 있는 겁니까?
この本は借りられるのですか。
고노 홍와 가리라레루노데스까

컴퓨터로 검색하세요.
コンピューターで検索してください。
콤퓨-타-데 겐사꾸시떼 구다사이

이것은 대출 중입니다.
これは貸し出し中です。
고레와 가시다시쮸-데스

대출 기간은 1주일입니다.
貸し出し期間は1週間です。
가시다시 기깡와 잇슈-깐데스

도서관에 책을 돌려주고 올게요.
図書館に本を返してきますよ。
도쇼깐니 홍오 가에시떼 기마스요

Conversation

A: 日課が終わったら、図書館に行くよ。
B: あ、そう。あれが図書館なの。

일과가 끝나면 도서관에 가.
아, 그래. 저게 도서관이니?

>> 또박또박 쓰면서 말해볼까요?   >> 말하기

図書館で本を借りてきますよ。

この本は借りられるのですか。

コンピューターで検索してください。

これは貸し出し中です。

貸し出し期間は1週間です。

図書館に本を返してきますよ。

 대화 연습 PART 05

● 대화 내용의 녹음을 듣고 우리말을 일본어로 말해 보세요.

Unit 01
A: 이 1만 엔 권을 바꿔 주겠어요?
B: どのようにいたしましょうか。

Unit 02
A: 이 소포를 한국에 보내고 싶은데요.
B: 中身(なかみ)は何(なん)ですか。

Unit 03
A: どのように切(き)りましょうか。
B: 지금과 같은 헤어스타일로 해 주세요.

Unit 04
A: 今日(きょう)はどうなさいますか。
B: 헤어스타일을 바꾸고 싶은데요.

Unit 05
A: 이거, 드라이클리닝을 해 주세요.
B: はい、全部(ぜんぶ)で5点(てん)ですね。

Unit 06
A: どこに引(ひ)っ越(こ)しするつもりですか。
B: 역 근처의 장소를 찾고 있습니다.

Unit 07
A: ご用件(ようけん)は何(なん)ですか。
B: 네, 외국인등록을 하러 왔습니다.

Unit 08
A: 개관 시간은 몇 시입니까?
B: 午前(ごぜん)10時(じ)から午後(ごご)6時(じ)までです。

Unit 09
A: 어린이 입장료는 얼마예요?
B: 今日(きょう)は無料(むりょう)です。

Unit 10
A: 일과가 끝나면 도서관에 가.
B: あ、そう。あれが図書館(としょかん)なの。

PART 06

書くことで会話が身につく

✿ 눈으로 읽고
✿ 귀로 듣고
✿ 손으로 쓰고
✿ 입으로 소리내어 말한다!

병원

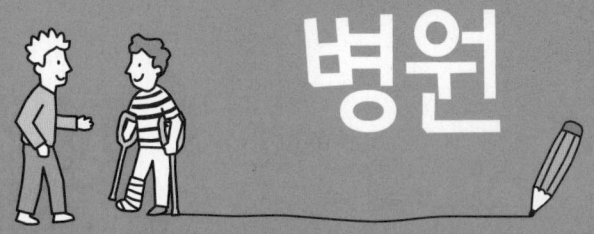

Unit 01 병원에서

>> 녹음을 듣고 소리내어 읽어볼까요?   **듣기**

무슨 과의 진료를 원하세요?
なに か　　じゅしん　　　き ぼう
何科の受診をご希望ですか。
나니까노 쥬싱오 고키보-데스까

보험증은 가지고 계세요?
ほけんしょう　　　　　も
保険証はお持ちでしょうか。
호껜쇼-와 오모찌데쇼-까

이 병원에서의 진료는 처음이세요?
　　　　びょういん　　じゅしん
この病院での受診ははじめてですか。
고노 뵤-인데노 쥬싱와 하지메떼데스까

다음에는 언제 오면 되죠?
こん ど　　　　　　き
今度はいつ来たらいいでしょうか。
곤도와 이쯔 기따라 이-데쇼-까

몇 번 통원해야 하죠?
なんかいつういん
何回通院しないといけませんか。
낭까이 쓰-인 시나이또 이께마셍까

오늘 진찰비는 얼마에요?
きょう　　しんさつだい
今日の診察代はおいくらですか。
쿄-노 신사쯔다이와 오이꾸라데스까

Conversation

A: この病院での受診ははじめてですか。
B: はじめてではないのですが。

이 병원에서의 진료는 처음이세요?
처음은 아니고요.

>> 또박또박 쓰면서 말해볼까요?　　　　　　　　　　　>> 말하기 <<

✎　何科の受診をご希望ですか。

✎　保険証はお持ちでしょうか。

✎　この病院での受診ははじめてですか。

✎　今度はいつ来たらいいでしょうか。

✎　何回通院しないといけませんか。

✎　今日の診察代はおいくらですか。

증세를 물을 때

Unit 02

》 녹음을 듣고 소리내어 읽어볼까요?   듣기

오늘은 어땠어요?
今日はどうなさいましたか。
쿄-와 도- 나사이마시다까

어디 아프세요?
どこか痛みますか。
도꼬까 이따미마스까

여기를 누르면 아파요?
ここを押すと痛いですか。
고꼬오 오스또 이따이데스까

어느 정도 간격으로 머리가 아프세요?
どれくらいおきに頭痛がしますか。
도레쿠라이 오끼니 즈쓰-가 시마스까

이런 증상은 이전에도 있었어요?
このような症状は、以前にもありましたか。
고노요-나 쇼-죠-와, 이젠니모 아리마시다까

알레르기 체질인가요?
アレルギー体質ですか。
아레루기- 타이시쯔데스까

Conversation

A: このような症状は、以前にもありましたか。
B: いいえ、はじめてです。
   이런 증상은 이전에도 있었어요?
   아뇨, 처음입니다.

124 • 쓰면서 말해봐 일상편

>> 또박또박 쓰면서 말해볼까요?   >> 말하기 <<

✎ 今日はどうなさいましたか。

✎ どこか痛みますか。

✎ ここを押すと痛いですか。

✎ どれくらいおきに頭痛がしますか。

✎ このような症状は、以前にもありましたか。

✎ アレルギー体質ですか。

Unit 03 증상을 설명할 때

>> 녹음을 듣고 소리내어 읽어볼까요?   듣기

열이 있고 기침이 있어요.
熱があり、せきが出ます。
네쯔가 아리, 세끼가 데마스

조금 열이 있는 것 같아요.
すこし熱があるようです。
스꼬시 네쯔가 아루요-데스

미열이 있는 것 같아요.
微熱があるようです。
비네쯔가 아루요-데스

유행성 독감에 걸린 것 같아요.
流感にかかったみたいです。
류-깐니 가캇따미따이데스

토할 것 같아요.
吐きそうです。
하끼소-데스

어젯밤부터 두통이 심해요.
ゆうべから頭痛がひどいです。
유-베까라 즈쯔-가 히도이데스

Conversation

A: 頭痛と発熱があって、のども痛いんです。
B: いつからですか。

두통과 발열이 있고 목도 아파요.
언제부터입니까?

또박또박 쓰면서 말해볼까요? 　　　　　　말하기

- 熱があり、せきが出ます。

- すこし熱があるようです。

- 微熱があるようです。

- 流感にかかったみたいです。

- 吐きそうです。

- ゆうべから頭痛がひどいです。

 # Unit 04 아픈 곳을 말할 때

>> 녹음을 듣고 소리내어 읽어볼까요?

배가 아파요.
腹が痛みます。
하라가 이따미마스

허리가 아파서 움직일 수 없어요.
腰が痛くて動けません。
고시가 이따꾸떼 우고께마셍

귀가 울려요.
耳鳴りがします。
미미나리가 시마스

무좀이 심해요.
水虫がひどいのです。
미즈무시가 히도이노데스

아파서 눈을 뜰 수 없어요.
痛くて目を開けていられません。
이따꾸떼 메오 아께떼 이라레마셍

이 주위를 누르면 무척 아파요.
このあたりを押すとひどく痛いです。
고노 아따리오 오스또 히도꾸 이따이데스

 **Conversation**

A: ひざを曲げられますか。
B: とても痛くて曲げられません。
　무릎을 구부릴 수 있나요?
　너무 아파서 굽힐 수 없어요.

또박또박 쓰면서 말해볼까요?

腹が痛みます。

腰が痛くて動けません。

耳鳴りがします。

水虫がひどいのです。

痛くて目を開けていられません。

このあたりを押すとひどく痛いです。

 # Unit 05 검진을 받을 때

>> 녹음을 듣고 소리내어 읽어볼까요? 　　　<< 듣기 >>

목을 보여 주세요.
喉を見せてください。
노도오 미세떼 구다사이

혈압을 잴게요.
血圧を計ります。
게쯔아쯔오 하까리마스

여기 엎드려 누우세요.
ここにうつぶせに寝てください。
고꼬니 우쯔부세니 네떼 구다사이

숨을 들이쉬고 멈추세요.
息を吸って止めてください。
이끼오 슷떼 도메떼 구다사이

저는 어디가 안 좋아요?
わたしはどこが悪いのでしょうか。
와따시와 도꼬가 와루이노데쇼-까

결과는 1주일 후에 나옵니다.
結果は1週間後に出ます。
겟까와 잇슈-깡고니 데마스

Conversation

A: この検査は痛いですか。
B: いいえ、痛みは一切ありません。

이 검사는 아파요?
아뇨, 통증은 전혀 없습니다.

 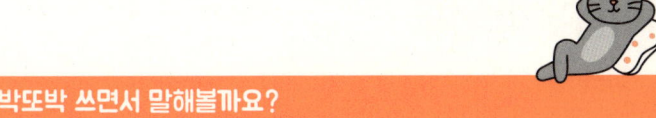 

✎ 喉を見せてください。

✎ 血圧を計ります。

✎ ここにうつぶせに寝てください。

✎ 息を吸って止めてください。

✎ わたしはどこが悪いのでしょうか。

✎ 結果は1週間後に出ます。

Unit 06 이비인후과에서

>> 녹음을 듣고 소리내어 읽어볼까요?   듣기

귀에 무언가 들어간 것 같아요.
耳に何か入ったようです。
미미니 나니까 하잇따요-데스

코를 풀면 귀가 아파요.
鼻をかむと耳が痛いです。
하나오 카무또 미미가 이따이데스

코피가 가끔 나와요.
鼻血がときどき出ます。
하나지가 도끼도끼 데마스

코가 막혀서 숨을 쉴 수 없어요.
鼻がつまって、息ができません。
하나가 쓰맛떼, 이끼가 데끼마셍

심하게 기침이 나고 목이 아파요.
ひどく咳が出て、喉が痛いです。
히도꾸 세끼가 데떼, 노도가 이따이데스

지금은 침을 삼키는 것도 힘들어요.
今は唾を飲むのも苦しいのです。
이마와 쓰바오 노무노모 구루시-노데스

Conversation

A: **聴力検査を受けたいんですが。**
B: **耳に何か異常がありますか。**

청력검사를 받고 싶은데요.
귀에 무슨 이상이 있나요?

>> 또박또박 쓰면서 말해볼까요? >> 말하기 <<

✎ 耳に何か入ったようです。

✎ 鼻をかむと耳が痛いです。

✎ 鼻血がときどき出ます。

✎ 鼻がつまって、息ができません。

✎ ひどく咳が出て、喉が痛いです。

✎ 今は唾を飲むのも苦しいのです。

 # 안과에서

>> 녹음을 듣고 소리내어 읽어볼까요?

최근에 시력이 떨어진 것 같아요.
最近、視力が落ちたようです。
사이낑, 시료꾸가 오치따요-데스

안경을 쓰면 머리가 아파요.
眼鏡をかけると、頭が痛いです。
메가네오 가께루또, 아따마가 이따이데스

가까운 사물이 잘 보이지 않아요.
近くの物がよく見えません。
치카꾸노 모노가 요꾸 미에마셍

눈이 충혈되어 있어요.
目が充血しています。
메가 쥬-케쯔시떼 이마스

눈을 감으면 아파요.
目をつぶると、痛いです。
메오 쓰부루또, 이따이데스

눈에 다래끼가 났어요.
目に物もらいができています。
메니 모노모라이가 데끼떼 이마스

 Conversation
A: 左目がちょっと悪いようですが。
B: じゃ調べてみましょう。目を大きく開けてください。
왼쪽 눈이 좀 안 좋은 것 같은데요.
자 검사해봅시다. 눈을 크게 뜨세요.

>> 또박또박 쓰면서 말해볼까요?   >> 말하기 <<

最近、視力が落ちたようです。

眼鏡をかけると、頭が痛いです。

近くの物がよく見えません。

目が充血しています。

目をつぶると、痛いです。

目に物もらいができています。

# 치과에서

>> 녹음을 듣고 소리내어 읽어볼까요?

치석을 제거하러 왔어요.
歯石を削りに来ました。
시세끼오 케즈리니 기마시다

충치 치료를 받으러 왔어요.
虫歯の治療を受けに来ました。
무시바노 치료-오 우께니 기마시다

이가 몹시 아파요.
歯がひどく痛いんです。
하가 히도꾸 이따인데스

잇몸이 아파요.
歯茎が痛いです。
하구끼가 이따이데스

이를 닦으면 잇몸에서 피가 나와요.
歯を磨くと、歯茎から血が出ます。
하오 미가꾸또, 하구끼까라 치가 데마스

어제 치과의사에게 진찰을 받았습니다.
きのう歯医者に見てもらいました。
기노- 하이샤니 미떼 모라이마시다

Conversation

A: 先生、歯ブラシはどんなものがいいでしょうか。
B: どなたが使うのですか。

선생님, 칫솔은 어떤 게 좋을까요?
어느 분이 쓰실 겁니까?

또박또박 쓰면서 말해볼까요? >> 말하기 <<

✎ 歯石を削りに来ました。

✎ 虫歯の治療を受けに来ました。

✎ 歯がひどく痛いんです。

✎ 歯茎が痛いです。

✎ 歯を磨くと、歯茎から血が出ます。

✎ きのう歯医者に見てもらいました。

입퇴원 또는 병문안할 때

>> 녹음을 듣고 소리내어 읽어볼까요?   **듣기**

어느 병원에 입원했죠?
どこの病院に入院しましたか。
도꼬노 뵤-인니 뉴-인시마시다까

요시무라 씨 병실은 어디죠?
吉村さんの病室はどこですか。
요시무라산노 뵤-시쯔와 도꼬데스까

빨리 회복하세요.
早く、よくなってくださいね。
하야꾸, 요꾸낫떼 구다사이네

생각보다 훨씬 건강해 보이네요.
思ったよりずっと元気そうですね。
오못따요리 즛또 겡끼소-데스네

반드시 곧 건강해질 거예요.
きっとすぐ元気になりますよ。
깃또 스구 겡끼니 나리마스요

아무쪼록 몸조리 잘하세요.
くれぐれもお大事に。
구레구레모 오다이지니

Conversation

A: 木村さん、どうしたんですか。
B: ええ、交通事故で軽い怪我をしまして…。

기무라 씨, 어떻게 된 거죠?
예, 교통사고로 가볍게 다쳐서요….

>> 또박또박 쓰면서 말해볼까요?   >> 말하기

✎ どこの病院に入院しましたか。

✎ 吉村さんの病室はどこですか。

✎ 早く、よくなってくださいね。

✎ 思ったよりずっと元気そうですね。

✎ きっとすぐ元気になりますよ。

✎ くれぐれもお大事に。

 # 약국에서

>> 녹음을 듣고 소리내어 읽어볼까요?   듣기

이 약으로 통증이 가라앉을까요?
この薬で痛みがとれますか。
고노 구스리데 이따미가 도레마스까

피로에는 무엇이 잘 들어요?
疲れ目には何が効きますか。
쓰까레메니와 나니가 기끼마스까

바르는 약 좀 주세요.
塗り薬がほしいのですが。
누리구스리가 호시-노데스가

몇 번 정도 복용하죠?
何回くらい服用するのですか。
낭까이 쿠라이 후꾸요-스루노데스까

한 번에 몇 알 먹으면 되죠?
1回に何錠飲めばいいですか。
익까이니 난죠- 노메바 이-데스까

진통제는 들어 있어요?
痛み止めは入っていますか。
이따미도메와 하잇떼 이마스까

Conversation

A: 旅行疲れによく効く薬はありますか。
B: これは旅行疲れによく効きます。
여행 피로에 잘 드는 약은 있어요?
이건 여행 피로에 잘 듣습니다.

>> 또박또박 쓰면서 말해볼까요?　　　　　　　　>> 말하기 <<

この薬で痛みがとれますか。

疲れ目には何が効きますか。

塗り薬がほしいのですが。

何回くらい服用するのですか。

1回に何錠飲めばいいですか。

痛み止めは入っていますか。

대화 연습 PART 06

● 대화 내용의 녹음을 듣고 우리말을 일본어로 말해 보세요.

Unit 01
A: この病院での受診ははじめてですか。
B: 처음은 아니고요.

Unit 02
A: このような症状は、以前にもありましたか。
B: 아뇨, 처음입니다.

Unit 03
A: 두통과 발열이 있고 목도 아파요.
B: いつからですか。

Unit 04
A: ひざを曲げられますか。
B: 너무 아파서 굽힐 수 없어요.

Unit 05
A: 이 검사는 아파요?
B: いいえ、痛みは一切ありません。

Unit 06
A: 청력검사를 받고 싶은데요.
B: 耳に何か異常がありますか。

Unit 07
A: 왼쪽 눈이 좀 안 좋은 것 같은데요.
B: じゃ調べてみましょう。目を大きく開けてください。

Unit 08
A: 선생님, 칫솔은 어떤 게 좋을까요?
B: どなたが使うのですか。

Unit 09
A: 기무라 씨, 어떻게 된 거죠?
B: ええ、交通事故で軽い怪我をしまして…。

Unit 10
A: 여행 피로에 잘 듣는 약은 있어요?
B: これは旅行疲れによく効きます。